I0558493

OTU ABLI KPAKPANDO NA-ENWU NA BETLEHEM!

One Starry Night In Bethlehem!

Onye kọwapụtara ya ọzọ bụ Ada Onwukeme

Retold by Ada Onwukeme

Onye sere ihe osise bụ Elena Paun

Illustrated by Elena Paun

Serendipiti Pressi, Jọs

Serendipity Press, Jos

Mmesọma ya dinyere seredipiti Pressi…Abu Ọma 68:34b

"…His Excellence is over Serendipity Press…" Ps. 68:4b"

Otu Abli Kpakpando Na-Enwu Na Betlehem!

One Starry Night In Bethlehem!

Ndi Biri Akwukwọ a bụ Serendipiti Pressi, Jọs

Published by Serendipity Press, Jos

www.adaonwukeme.com

Ikike Nchekwaba © 2025
Copyright © 2025

Ejikere ikike nile. O nweghi akụkụ ebe ọ bula n'akwukwọ a nke aga emeghari n'udi ọ bula, ma ọ bu n'uzo ọ bula ma enwetaghi ikike nke onye biri ya, ma ewezuga obere ngalaba di mkpirikpi n'ihi nyocha.
All rights reserved. No portion of this book may be reproduced in any means without the written permission of the publisher, with the exception of brief excerpts in reviews.

"Dika ọkwa nke nekpokọba umu nke ọ namughi, otu a ka onye nakpa aku, ma ọ kpaghi ya n'ikpe ziri ezi, si dị, n'etiti ubọchi ndu-ya ọ garapu ya, n'ikpe-azu-ya o we buru onye-nzuzu." Jeremaia 17:11
"As a partridge that broods but does not hatch, so is he who gets riches, but not by right; it will leave him in the midst of his days, and at the end a fool." Jeremiah 17:11

Otu Abali Kpakpando, Na-Enwu Na Betlehem!
One Starry Night In Bethlehem!

Onye Kọwaputara ya ọzọ bụ Ada Ọnwukeme
Retold by Ada Onwukeme

Onye sere ihe osise bụ
Illustrated by Elena Paun

Nchikọta akụkọ: Ọmụmụ Jisọs Kraist site n'echiche nghọta nke umu anụmanụ nọ n'ulo anụmanụ mgbe omere.
Summary: The birth of Jesus Christ from an imaginary perspective of the animals present, at the manger.

ISBN 978-1-968290-00-9

EKELE

Nke a bu iji nye Chukwu Okike nke Elu-Igwe ekele maka inye m ike iji de akwukwọ a. Ka otuto diri Ya ruo ebighebi mgbe nile!

APPRECIATION

This is to thank God, Our Almighty Father, for His enablement to write this book. May He be glorified forever and ever!

NHUNYERE

Nhunyere akwukwọ a n'agara mkpuru obi nke nwoke
na umu nwanyi nile maka nzọputa ha.

DEDICATION

This book is dedicated to the Souls of all
Men/Women for their Salvation.

Oge dị ezigbo anya, o' oge gara aga, otu abalị kpakpando puru iche na-enwu na Betlhem, a muru Jisọs Kraist dika Nwa Ọhụrụ.

A long, long, long, time ago,

one special starry night in Bethlehem,

Jesus Christ was born as a Baby.

Na mbido ụbọchi ahu, ihe n'eme n'obodo ahụ
adighi ka ọna adi na mbu. Site n'ọwụwa anyanwu
ruo n'ọdida anyanwu, ịnyinya ibu di n'iche iche
nke agba na ana, nọ na-enuba na Betlehem. Ịnyinya
ibu juru ebe nile. Ụfọdu bu umu nwanyi. Ụfọdu bu
umuaka. Ụfọdu bu umu nwoke. Ụfọdu bu ibu. Ụfọdu
bu ngwakọta nke ihe a nile. Ịnyinya ibu nile m
hụrụ nwere onye ihe obu n'azu ya. Ọ dighi otu
ịnyinya ibu batara n'obodo tọgbọ chako.

Earlier in the day, things in the town were
quite unusual. From sunrise to sunset, donkeys
of different shades of color and sizes, were
streaming into Bethlehem. Donkeys were
everywhere. Some carried women. Some carried
children. Some carried men. Some carried loads.
Some carried a mix of all the above. All the
donkeys I saw had someone or something on its
back. Not a single donkey came to town empty.

N'ime ulo anu, n'akụkụ ulo, ndi-ije/ngwari akụ, n'ọnụ ụzọ obodo n'ụbọchị ahu kpakpando gbara, otu ịnyinya ibu bu nwanyi mara nma aha ya bụ Meri. Ọ nọ na-atụ anya imu nwa ọhuru. Ịnyinya ibu bu ya n'ulo anu ebe ezi na-ulo ehi, na ezi na-ulo ewu n'ezi na-ulo nke m bikọtara.

In the manger, beside an Inn, by the town gate, that starry night a donkey carried a beautiful lady, named Mary. She was expecting a Baby. Joseph, her husband, dropped the donkey off in the manger where the Cow family, the Goat family and I lived.

Ka ọ gachara ihe dị ka otu elekere, Josef na Meri were puta. Enweghị ime ụlọ n'ụlọ ndi-ije/ngwari akụ fọrọ maka ha. Ewerela ime ụlọ nile.

About an hour later, Joseph and Mary came out. There were no room in the Inn for the them. All the rooms had been taken up.

Ka Josef tọghe puru inyinya ibu ahu ka ha were puọ. Meri were sị, "Oh, Nwa m Jisọs! Nwa m Jisọs! Oruo n'ọmụmụ, ọ na aputa!"

As Joseph loosened the donkey, for them to leave. Mary said, "Oh My dear Baby Jesus! Baby Jesus! He is coming out!"

Ka egwu, ka egwu, Meri were mụọ Nwa ya bụ Jisọs! Meri kere Ya n'akwa okike [kere Ya, n'uwe ụmụaka amụrụ ọhuru].

Low and behold Mary delivered Baby Jesus! Mary wrapped Him in swaddling clothes.

Ezi n'ụlọ nile – Ehi, Ewu, na Ezi n'ụlọ m
juputara n'oke ọṅụ.

All the families – the Cows, the Goats, and my
family were all fascinated. We all kept peeking
to see Baby Jesus.

Obele awa ole na ole gafe etiti abali, Onye nwe m mbụ bu nna anyi onye ọzụzụ atụrụ bata n'ọṅụ, yana ndi anọ ọzọ. Nna anyi onye ọzụzụ atụrụ Meri na Josef na Mụọ Ozi gwara ha n'amụrụ Onye Nzọputa. Ọ bụ Messaia. Ekere Nwa Ahụ n'akwa okike [n'uwe ụmụaka ọhuru]. Dinebe Ya n'ụlọ anu. Ọtụtụ ụmụ agha eluigwe na ndị mụọ ozi ahu na-eto Chineke na-asị,

Few hours past midnight, my former owner Mr. Shepherd came in joyfully with four others. Mr. Shepherd told Mary and Joseph an angel had told them that a Savior has been born. He is the Messiah. The Baby is wrapped in swaddling clothes. Lying in a manger. Lots and lots of heavenly hosts with the Angel were praising God and saying,

"Otuto diri Chineke n'elu kacha elu, na n'ụwa,

udo diri ndị nke amara Ya nọ debere."

ujN'oge n'adighi anya, ha a puọ ije chọ Nwa Ọhụrụ

Ahụ.

"Glory to God in the highest, and on earth peace
To those on whom His favor rests."

Shortly after they left in search of the Baby.

Na ịhị akụkọ ọma a, anyi juputara na obi ụtọ! Anyi bụ ndị okenye nọ na-agba egwu. Ndị nke umuaka nọ na-agba ọsọ egwu. Anyi juputara na ọṅụ na-enweghi oke.

Ka ihe nile dara jụ, echetara m akukọ Nna anyi onye ọzụzụ aturu na-agụ ka egwu ma ọ na-akpọ egwu n'ubọ ya. Otu n'ime akụkọ ndị ahu bụ nke gbasara Messaịa, onye nke ga-abia were zọpụta ndị madu n'ike ihe ọjọ.

Site na ihe m hụrụ na ihe m nụrụ; m gara na nke Di na Nwnye bụ Ehi ịga kparịa uka maka ihe ndị a mere juru obere obodo anyi anya.

With this good news, we were charged with excitement! We older ones were dancing. Our little ones were galloping. We were immeasurably joyful.

As everything calmed down, I remembered the stories Mr. Shepherd sang as he played his harp. One such story was about the Messiah who will come and set people free from the influence of evil.

From what I have seen and heard; I went to Mr. & Mrs. Cow to discuss this thing that has astounded our little community.

Ọgwụla

The End

www.ingramcontent.com/pod-product-compliance
Lightning Source LLC
Chambersburg PA
CBHW041500120626
46547CB00003B/490